Thomas Donnez
Stéphane Rusinek
Eric Watelain

La relaxation et la préparation physique en apnée statique

Thomas Donnez
Stéphane Rusinek
Eric Watelain

La relaxation et la préparation physique en apnée statique

Éditions Vie

Impressum / Mentions légales

Bibliografische Information der Deutschen Nationalbibliothek: Die Deutsche Nationalbibliothek verzeichnet diese Publikation in der Deutschen Nationalbibliografie; detaillierte bibliografische Daten sind im Internet über http://dnb.d-nb.de abrufbar.

Alle in diesem Buch genannten Marken und Produktnamen unterliegen warenzeichen-, marken- oder patentrechtlichem Schutz bzw. sind Warenzeichen oder eingetragene Warenzeichen der jeweiligen Inhaber. Die Wiedergabe von Marken, Produktnamen, Gebrauchsnamen, Handelsnamen, Warenbezeichnungen u.s.w. in diesem Werk berechtigt auch ohne besondere Kennzeichnung nicht zu der Annahme, dass solche Namen im Sinne der Warenzeichen- und Markenschutzgesetzgebung als frei zu betrachten wären und daher von jedermann benutzt werden dürften.

Information bibliographique publiée par la Deutsche Nationalbibliothek: La Deutsche Nationalbibliothek inscrit cette publication à la Deutsche Nationalbibliografie; des données bibliographiques détaillées sont disponibles sur internet à l'adresse http://dnb.d-nb.de.

Toutes marques et noms de produits mentionnés dans ce livre demeurent sous la protection des marques, des marques déposées et des brevets, et sont des marques ou des marques déposées de leurs détenteurs respectifs. L'utilisation des marques, noms de produits, noms communs, noms commerciaux, descriptions de produits, etc, même sans qu'ils soient mentionnés de façon particulière dans ce livre ne signifie en aucune façon que ces noms peuvent être utilisés sans restriction à l'égard de la législation pour la protection des marques et des marques déposées et pourraient donc être utilisés par quiconque.

Coverbild / Photo de couverture: www.ingimage.com

Verlag / Editeur:
Éditions universitaires européennes
ist ein Imprint der / est une marque déposée de
OmniScriptum GmbH & Co. KG
Heinrich-Böcking-Str. 6-8, 66121 Saarbrücken, Deutschland / Allemagne
Email: info@editions-ue.com

Herstellung: siehe letzte Seite /
Impression: voir la dernière page
ISBN: 978-3-639-49515-7

Copyright / Droit d'auteur © 2013 OmniScriptum GmbH & Co. KG
Alle Rechte vorbehalten. / Tous droits réservés. Saarbrücken 2013

La relaxation et la préparation physique en apnée statique
Comparaison des effets chez les débutants

Tables des Matières

Résumé : 3
Introduction..5
Protocole et méthode..10
   1.1 Population..10
   1.2 Les tests...11
      1.2.1 Le STAI (State-Trait Anxiety Inventory)..11
      1.2.2 L'IPAQ...12
      1.2.3 L'apnée statique...13
      1.2.4 Apnée et exercices cognitifs..13
   1.3 Les techniques...14
      1.3.1 La Préparation Physique..14
      1.3.2 La relaxation..15
         1.3.2.1 Le training autogène de Schultz..15
   1.4 Passation et analyse...19
      1.4.1 Protocole..19
      1.4.2 Statistiques...19
2. Résultats..20
   2.1 Populations..20
   2.2 Tests d'apnée...21
   2.3 STAI..22
      3. Discussion..23
4. Conclusion 28
Bibliographie..29
Tableau 1..36
   Caractéristiques de la population semaine 1 sous la forme moyennes (écarts types)............36
Tableau 2..37
   Résultats des comparaisons groupe à groupe avec une ANOVA sur l'âge, la taille, le poids
   et le STAI-état..37
Tableau 3..38
   Moyenne (± écarts types) des résultats aux tests d'apnées (en secondes)........................38
Tableau 4..39
   ANOVA à mesures répétées sur l'ensemble des performances des sujets en fonction du
   groupe, du moment des tests et du type de test..39
Tableau 5..40
   Anxiété état (Stai- état) à la première et à la dernière séance sous la forme moyenne (± écarts
   types)...40
Tableau 6 41
   ANOVA en mesures répétées de l'anxiété (Stai-état), effet groupe (G1 à G4) ; Effet moment
   (initial vs final)..41

Résumé :

Objectif : Notre étude porte sur les effets de la relaxation, sur les performances en apnée statique aérienne chez le débutant. Méthode : Quarante sujets répartis en quatre groupes homogènes (âge, IMC et STAI-trait) ont reçu un entraînement différent durant 12 séances à raison d'une séance par semaine : i) relaxation (techniques de Schultz et Jacobson) et préparation physique ; ii) relaxation ; iii) préparation physique ; iv) sans entraînement.

A la première et dernière séance, ils ont effectué deux épreuves d'apnée statique, l'une simple et l'autre associée à des exercices cognitifs basiques, ainsi qu'un STAI-état. Principaux résultats et interprétation : Les groupes ayant bénéficié de la relaxation obtiennent les meilleurs résultats, statistiquement significatifs dans les deux épreuves.

Il en est de même pour leur STAI-état, indice révélateur de l'impact de cette technique sur l'appréhension des sujets face aux épreuves d'apnée à réaliser, qui diminue entre la première et la dernière séance.

Introduction

L'apnée, dans sa pratique dite « dynamique », est relativement connue grâce à des pratiquants médiatisés tels que Jacques Mayol ou encore Francisco Ferreras Rodriguez, mais aussi grâce à des films comme « Le grand bleu » de Luc Besson, sorti en 1988. Un aspect de cette discipline beaucoup moins connu est « l'apnée statique » qui consiste à retenir le plus longtemps possible sa respiration après une préparation « libre » de deux minutes, en restant complètement immobile en surface.

D'autres pratiques d'apnée nécessitent également de rester statique après quelques déplacements, comme par exemple le tir sur cible subaquatique. Mais contrairement à bien d'autres activités, la performance en apnée statique n'est pas attachée à une action motrice précise à réaliser, mais à une capacité à se centrer sur soi-même et à accéder à un état de relâchement physique et psychologique le plus complet.

La performance de l'apnéiste dépend de nombreux facteurs. Différentes techniques pour l'amélioration des performances dans le domaine de l'apnée sont d'ailleurs détaillées dans la littérature. Sur un plan matériel, Corriol &Bras (2001)mettent en évidence l'augmentation de la vitesse de descente par l'augmentation du lest réglementaire, de même que l'évolution de la vitesse de remontée avec l'abandon du lest pour faciliter le retour à la surface (Corriol, 2003).

Physiologiquement, le simple fait de retenir sa respiration entraîne des modifications non négligeables, telles que des modifications des échanges gazeux et des réactions cardio-circulatoires (Gole, Schmid, Boussuges& Fontanari, 2006; Sciarli, 1989). Les facteurs évoqués sont aussi mécaniques (volume pulmonaire), chimiques (tolérance à l'hypoxie et à l'hypercapnie), dynamiques (contractions involontaires du diaphragme) (Courteix & Lamendin, 1992), externes (type d'entraînement et d'exercice musculaire)

(Delapille, Polin, Chollet-Tourny, Verin, Hellot& Pasquis, 2001) ou encore psychologiques (motivation, stress). Lors des premières semaines d'entraînement, il a été mis en évidence qu'un contrôle volontaire cortical joue un rôle essentiel dans la rapidité des progrès (Hentsch & Ulmer, 1984).

De manière générale, l'entraînement et l'expertise permettent d'augmenter la durée de l'apnée et d'améliorer la performance en retardant les points de ruptures physiologique et psychologique (Delapille, 2001; Delapille, Verin& Tourny-Chollet, 2002). Pour optimiser les performances, il est souvent question de préparation mentale (PM), apparue en Union Soviétique dans les années 1950 (Ryba, Stambulova& Wrisberg, 2005; Williams & Straub, 2006). Des ouvrages (Dosil, 2006; Tenenbaum & Eklund, 2007) montrent que l'impact de cette PM a été étudié dans différentes disciplines de sports collectifs (ex : football, basketball, baseball, hockey sur glace) comme de sports individuels (ex : athlétisme, tennis, arts martiaux). Andersen (2000) relate différentes méthodes d'intervention et montre l'importance de l'identification des barrières psychologiques telles que : « la difficulté de concentration, l'autocritique, la honte, la perte de motivation, une mauvaise estime de soi ».

Puis, il met en évidence l'inclusion du changement par l'emploi de techniques d'analyse transactionnelle ; la psychanalyse pour la signification des comportements, l'emploi de la méthode globale pour se centrer « ici et maintenant », la thérapie cognitive pour le contrôle des pensées.

Il est maintenant reconnu que la PM est adaptée à l'accompagnement du sportif (Bauche, 2000; Kovachev, 2001) quelle que soit la discipline. Une étude d'Orlick & Partington (1988) a mis en évidence, par des interviews d'athlètes canadiennes lors de deux Jeux Olympiques, que le niveau de contrôle de l'imagerie mentale, les« game plan », la capacité à se fixer des objectifs quotidiens, la gestion des distractions et la capacité de focalisation sont liés à la performance. Les spécialistes de la PM prônent l'emploi de diverses méthodes comme l'imagerie, le biofeedback, la relaxation (R), la gestion du comportement, etc. (Vealey, 2007). Parmi ces outils, la R améliore la gestion du stress (Canizares Hernandez, 2003), ainsi que la phase de récupération (Bergstrom & Hultman, 1991). Pour Robazza (1999), elle s'adresse à ceux qui visent l'optimisation de leur potentiel intellectuel, sportif, voire affectif.

La R dans le domaine de l'apnée semble avoir une grande importance si l'on se fie à l'observation du déroulement de nombreuses compétitions de haut niveau où l'utilisation d'une ou de plusieurs techniques de R est très courante. Parmi ces techniques, les plus souvent utilisées sont les techniques de ventilation (Pelizzari, Landoni& Seddone, 2010), le yoga, ou plus précisément le pranayama qui propose un entraînement visant à maîtriser le corps, la respiration, les émotions et les pensées, par des techniques corporelles et psycho-mentales (Redini & Delacour, 2009), ou encore la R qui, comme l'affirme Maupas(1988), « fait partie des nombreuses méthodes psychologiques qui modifient notablement le comportement par l'intermédiaire du vécu corporel ».

L'un des principes essentiels dans le domaine de la R est le contrôle du tonus musculaire, lié à l'activité corticale consciente (Defontaine, 1979; Sapir, 1974). Parmi les techniques de R, on trouve la R progressive, le training autogène et la sophrologie dynamique (Abadie & Andrieu, 2007). Ces techniques peuvent viser plusieurs objectifs : renforcer la confiance en soi, gérer le stress, se stimuler psychologiquement et physiquement avant l'effort, éviter « les idées noires », améliorer la récupération, augmenter les capacités physiques d'un individu en agissant notamment sur la respiration, les pulsations cardiaques et la tension musculaire (Chevallon, 2007).

Les différents bénéfices de ces techniques ont été décrits par de nombreux auteurs (Benson, Kornhaber, Kornhaber, Le-Chanu, Zutterneister, Myers & Friedman, 1994; Yurdakul, Holttum& Bowden, 2009).

Notre choix pour cette étude s'est porté sur deux techniques, en référence à la classification de Bousingen (1992), l'une somato-psychique : la R progressive de Jacobson (Jacobson, 1977; Mcallie, Blum& Hood, 2006) et l'autre psychosomatique : le 1er cycle du training autogène de Schultz (Schultz, 1951; Rager, 1970). Lanning & Hisanagra (1983) ont montré l'efficacité de la méthode de Jacobson(1974) pour réduire l'anxiété générée par une compétition.

Les effets bénéfiques du training autogène de Schultz sur la performance ont également été observés dans de nombreuses disciplines telles que le football, la natation et le tennis (Krenz, 1984). Ces techniques sont aussi employées dans d'autres domaines comme la prise en charge des troubles psychiatriques ou la gestion du stress (Hazlett-Stevenens & Borkovec, 2001; Cottraux, 2004).

A notre connaissance, il n'existe pas, de références concernant l'utilisation de ces deux techniques pour améliorer les performances en apnée. De plus, ce manque de référence sur l'amélioration des performances en apnée statique nous a obligés à nous baser sur son cadre théorique le plus similaire : « l'apnée dynamique » et il semble ainsi d'autant plus pertinent de remédier à ce manque. Dans l'optique de mesurer les bénéfices des techniques de R utilisées en PM, de nombreuses mesures d'évaluation de la performance peuvent être employées. Physiologiquement, seules des mesures de débit inspiratoire moyen ou de pression d'occlusion, effectuées lors de la rupture d'apnée, paraissent être des paramètres fiables (Kulkarni & Brown, 1996). Au niveau de la performance, le temps chronométrique semble tout aussi fiable (Delignières & Marty, 1997; Joulia,

Steinberg, Faucher, Jamin, Ulmer, Kipson& Jammes, 2003). Cette mesure chronométrique est probablement préférable chez le débutant pour limiter l'appréhension liée à des mesures plus invasives et permet de réduire les coûts et ressources nécessaires.

Cette quantification offre également la possibilité de relever d'autres paramètres utilisés dans la littérature comme le temps d'apnée statique, le temps estimé par l'apnéiste comparé au temps réel (Jamin, Joulia, Fontanari, Bonnon, Ulmer& Cremieux, 2004) ou encore l'association avec le temps de réaction en situation d'apnée lors d'une tâche de résolution de problèmes (Delignières & Marty, 1997).

L'objet de cette étude est de quantifier la dégradation ou l'amélioration de la performance en apnée statique, suite à un entraînement spécifique à deux techniques de R chez un public débutant. Notre intérêt se porte sur les effets de la R et/ou de la préparation physique (PP) sur deux formes d'apnée (statique et statique avec tâche cognitive), afin de déterminer si, à temps de travail égal, une approche est plus intéressante que l'autre chez le débutant.

Notre hypothèse principale est que le recours à une PP à un « effet » supérieur à celui de la R. De même, nous formulons l'hypothèse selon laquelle le niveau d'anxiété traduisant l'état de R des participants serait lié à leurs performances et donc, le groupe ayant reçu « tous les outils » (R plus PP) serait celui qui montrera les meilleures évolutions de performances.

Protocole et méthode

L'expérimentation est réalisée en accord avec les principes de la convention d'Helsinki (Poisson, 2002). Les sujets ont reçu les informations et ont donné leur accord pour participer à l'étude. A tout moment ils avaient la possibilité d'arrêter ou de refuser tout ou une partie du test, auquel cas ils auraient été exclus de l'échantillon analysé.

1.1 Population

La population testée a été recrutée au sein d'une section sportive d'un club universitaire, ce qui a permis d'assurer un certain niveau de motivation pour la réalisation des entraînements sur la période considérée. Cette population est composée de 40 sujets divisés en quatre groupes de 10, répartis de manière aléatoire et mixte. Les critères d'inclusion sont : sujets âgés entre 18 et 28 ans, actifs, étudiants, avec un Indice de Masse Corporelle (IMC) dans la norme (entre 18 et 25). Les critères d'exclusion étaient : « pathologie cardio-respiratoire, expérience en apnée, expérience en R, ne pas répondre aux critères d'entraînement individuel prescrit ».

Chaque individu avait pour consigne de répondre de manière sincère à tous les questionnaires qui lui étaient soumis.

Le 1er groupe (G1) s'est entraîné avec R et PP.

Le 2ème groupe (G2) s'est uniquement entraîné avec les techniques de R.

Le 3ème groupe (G3) s'est uniquement entraîné avec des techniques de PP.

Le 4ème groupe (G4) constitue le groupe témoin qui n'a participé qu'aux épreuves initiales et finales (sans entraînement intermédiaire).

Ils ne rencontraient l'expérimentateur que pour le questionnaire de suivi d'activité physique.

1.2 Les tests

1.2.1 Le STAI (State-Trait Anxiety Inventory)

Le test de mesure d'anxiété de Spielberger (Spielberger & Johnson, 1968)est un auto-questionnaire servant à mesurer l'anxiété sous sa forme état (disposition passagère de l'individu) et sa forme trait (propre à la personnalité). Il est composé de deux échelles. Pour l'échelle état, le sujet se réfère à ce qu'il ressent « *à l'instant* » ; pour l'échelle trait, à ce qu'il ressent « *généralement* ». Chaque item du STAI est évalué de 1 à 4 selon l'intensité.

La note totale finale de chaque échelle varie de 20 à 80. Le test doit durer 5 à 10 min. Ce test a déjà été utilisé dans le cadre d'activité subaquatique par Bonnet, Fernandez, Graziani, Rouan& Pedinielli(2004). Dans sa forme « trait », ce test passé en première séance par les sujets nous permet de vérifier que les groupes sont équivalents au niveau de ce trait de personnalité, sans doute une des variables les plus importantes parmi les variables mesurées. Dans sa forme « état », passé en première et dernière séance, ce test nous permet d'évaluer l'impact éventuel de la R sur l'état d'anxiété au moment des épreuves d'apnée à réaliser.

1.2.2 L'IPAQ

Le questionnaire IPAQ est un des questionnaires qui a fait l'objet de traduction-adaptation en plusieurs langues et dont les propriétés psychométriques ont déjà été explorées. (Craig, Marshall, Sjöström, Bauman, Booth, Ainsworth, Pratt, Ekelund, Yngve, Sallis & Oja, 2003; Rütten, Vuillemin, Ooijendijk, Schena, Sjöström, Stahl, Vanden Auweele, Welshman& Ziemainz, 2003). La version anglaise d'auto-administration, disponible sur le site http://www.ipaq.ki.se, a été traduite pour cette étude. Ce test porte sur l'activité physique effectuée durant les sept derniers jours. Le temps consacré à une activité physique est comptabilisé en fonction de l'intensité.

Il résulte de cette comptabilité trois niveaux de classement :

Bas : correspond au niveau le plus faible, les sujets de cette catégorie sont considérés comme inactifs. Moyen : correspond aux critères de 3 jours d'activité dite vigoureuse d'au moins 20 min, ou 5 jours d'activité intense à modérer d'environ 30 min ou encore 5 jours ou plus, combinant les deux types d'activités.

Fort : correspond à une activité d'intensité vigoureuse d'au moins trois jours, ou sept jours de n'importe quelle combinaison d'activité modérée, intense ou vigoureuse.

Ce test est employé pour détecter d'éventuels changements importants de la quantité d'activité physique des sujets qui pourraient perturber les mesures.

1.2.3 L'apnée statique

Lors des apnées statiques, le sujet, allongé sur le dos, dispose de deux minutes de ventilation libre afin de se préparer à la performance. Ensuite, un décompte de 10 s est effectué avant le « top départ » durant lequel toute hyperventilation est interdite. A ce moment, le sujet prend une dernière inspiration avec un remplissage pulmonaire plus important, mais non « incommodant », et doit arrêter de respirer sans emploi de mouvements de régurgitation au cours de l'apnée qui seraient susceptibles de modifier de manière conséquente la performance. Le sujet ne doit réaliser aucune action particulière et doit se contenter de rester allongé, afin de réaliser la plus longue apnée possible.

Il ne dispose pas de moyens de contrôle autonome de sa performance (chronomètre par exemple) ainsi, il ne se base que sur son propre ressenti. Le temps d'apnée est chronométré.

1.2.4 Apnée et exercices cognitifs

La deuxième épreuve est basée sur le même protocole préparatoire que l'apnée statique. La spécificité de ce test repose sur le fait que le sujet doit, durant son temps d'apnée, résoudre une série d'exercices écrits basée sur des multiplications simples (ex : 8 x 8 = ?), ou des exercices d'attention (ex : trouver le « i » dans cette suite : IIIIIIIIIIIIIIIIIiIIIIIIIIIIII).

Les exercices d'attention correspondent à la production d'un effort pour « concentrer » sa vision.

Il est précisé que le nombre d'exercices réalisés correctement a une influence sur le score des participants; ce qui va les conduire à réaliser un maximum d'exercices durant leur temps d'apnée, et ainsi augmenter leur niveau de 'stress'.

Le test n'est, en réalité, qu'un prétexte pour développer une activité mentale chez les sujets. Il est reconnu que suite à ces stimulations mentales, le cerveau fournit un effort supplémentaire qui conduit à une consommation supérieure en O_2 comparée au repos. Le cerveau, même au repos, enregistre une activité métabolique conséquente (Shulman, Hyder& Rothmand, 2003) et un exercice purement mental entraîne une augmentation de cette consommation (Troubat, Fargeas-Gluck& Dugue, 2010). Le nombre d'exercices réalisés correctement durant le temps d'apnée a été relevé et restitué aux sujets, mais ne constitue pas une variable de l'expérience. Le temps d'apnée a été chronométré.

1.3 Les techniques

1.3.1 La Préparation Physique

Les groupes concernés par la préparation physique (PP) sont orientés sur des exercices de pratique et de découverte de l'apnée (1 et 3). Les groupes sont entraînés de manière progressive et traditionnelle, tel qu'on le pratique dans les clubs d'apnée. A notre connaissance, ces techniques n'ont pas fait l'objet d'une validation scientifique, mais les résultats de terrain sont positifs. Une séance type se déroule de la manière suivante : échauffement en position allongée de 2 x 30 s, puis réalisation de deux apnées de 50 s, suivies d'une tentative d'une apnée la plus longue possible. Cette succession était répétée trois fois de suite avec un temps de récupération complet entre chaque apnée prolongée (3 min de respiration libre sans effort). Pour terminer, les participants réalisaient 5 fois de suite 15 à 20 s d'apnée expiratoire, en fonction de leurs capacités, avec un temps de récupération inférieur à 30 s. Les participants avaient pour consigne de répéter ces séances, de manière autonome, trois fois dans la semaine avant l'entraînement suivant.

1.3.2 La relaxation

1.3.2.1 Le training autogène de Schultz

La méthode du training autogène de Schultz (1958) est une méthode de R par "autodécontraction concentrative" (Durand de Bousingen, 1985). Cette technique est née des recherches sur le sommeil et sur l'hypnose de Vogt & Brodman entre 1894 et 1903 à Berlin. Le Training Autogène est avant tout une méthode d'entraînement facilitant l'acquisition d'un état auto-hypnotique. Plusieurs points de concentration corporelle constituant des étapes de progression dans l'entraînement au training autogène sont proposés durant la R: la tranquillité, la pesanteur, la chaleur, le cœur, la respiration, le plexus solaire, la fraîcheur du front. La durée d'apprentissage de chacune des étapes s'étend de 8 à 15 jours en fonction des progrès du sujet.

Cette méthode ce décompose en six étapes distincts :
- Exercice de pesanteur :

Le sujet va se concentrer sur la sensation subjective de détente musculaire, en s'aidant de la formule « mon bras droit est tout à fait lourd » ou gauche selon la latéralité.

Il faut induire dans le domaine une identification abstraite, il s'agit de se détendre en pensant à une idée (abstraite) dans la mesure où le sujet est de type visuel (comme on aura pour le constater au cours de l'induction au calme), on essaye de lui faire représenter son bras comme en plomb.

Régularité rigoureuse est une nécessité fondamentale, la réponse se fait de manière précise en mouvements successifs qui adapte l'organisme à son état de tension normale. Faire plusieurs flexions extensions énergétiques du bras, respirer fortement et ouvrir les yeux.

Après qqs jours, la sensation de pesanteur sera plus importante et va se généraliser.
La suite de l'exercice : « Mon bras droit doit être tout à fait lourd. Mes 2 bras doivent être tout à fait lourds. Mes 2 jambes doivent être tout à fait lourdes. Tout mon corps doit être tout à fait lourd. »

- <u>Exercice de chaleur :</u>

La formule devient « mon bras doit être tout à fait chaud », le sujet essayera de se représenter mentalement soit usuellement soit de façon kinesthésique l'expérience de chaleur comme par exemple être couché au soleil sur une plage ou se réchauffer auprès d'un bon feu en hiver. Cette sensation légère au début s'intensifie et va également s'étendre à l'ensemble des membres supérieurs aux autres membres et à tout le corps.

- <u>Exercice cardiaque :</u>

Le sujet est invité à se représenter mentalement le cœur dans sa véritable situation anatomique. La formule « mon cœur bat calmement » est répété 6 à 7 fois .il ne s'agit pas ici d'augmenter ou de ralentir le rythme cardiaque.

- Exercice respiratoire :

Après les 3 ex précédents, on demande au patient de s'abandonner à la respiration tout en respectant le rythme respiratoire naturel.

Des images mentales sont recommandées comme se sentir fonctionner sa cage thoracique.

Formule verbale « ma respiration est tout à fait calme ».

- Exercice de chaleur abdominale :

Le patient est invité à ressentir une sensation de chaleur au plus profond de son creux épigastrique, le sujet récitera la formule « mon plexus solaire est tout à fait chaud ».

- Exercice de la tête :

Qui vise à obtenir une fraîcheur du front, sa formule est « mon front est agréablement frais ». En effet, si tout le corps est détendu, la fraîcheur céphalique permet de garder la tête hors de l'eau tiède et d'assurer ainsi une maîtrise de tout l'organisme.

Le sujet ressent après ces exercices :

- Un état de calme interne dans le domaine mental.
- Un détachement, contrôle de l'ambiance externe.
- Etat de détente physiologique agréable et reposant.
- La relaxation progressive de Jacobson

Jacobson rejette l'hypnose, il crée sa méthode de R en1938 : la R progressive. Dans cette méthode, il s'agit de prendre conscience de toutes les parties de son corps où peuvent se loger des tensions musculaires, de comprendre ce qu'est un état de tension afin d'être capable de repérer cet état à tout moment et de mémoriser ce qu'est un état de R. On passera en revue toutes les parties du corps en les mettant alternativement en état de tension et de R par un « contracté, relâché » d'un ou de plusieurs groupes musculaires.

- Technique qui se décompose en sept étapes. Toutes centré sur trois répétitions de contracté relâché synchronisé avec la respiration (tension du corps au moment de l'inspiration, et relaxation sur l'expiration).

- On commence par le bras directeur en le visualisant dans sa forme sa position, son état initial. Puis attentif au changement (avant après l'exercice) il faut amener une tension de la partie du corps ciblé ici le bras directeur. En répétant l'opération trois avec des temps de pause conséquent pour permettre la perception de la R qui s'installe dans le bras.

- Puis sans aucun mouvement uniquement par le mental, pour renforcé la perception de la R, il faut comparer l'état des deux bras. En deuxième étape répéter le même exercice pour le deuxième bras. Enfin pour l'harmonisation une dernière répétition du contracté relâché s'effectue sur les deux bras en même temps.

- Le protocole ce répète a l'identique pour les jambes. Enfin en dernière étape la tension du corps est globale, une contraction sur tout le corps afin de propager l'état de R dans toutes les muscles du corps.

1.4 Passation et analyse.

1.4.1 Protocole

En début de première séance, tous les participants ont passé le STAI-trait et état, ainsi que l'IPAQ, avant de réaliser les deux tests initiaux d'apnée, d'abord le test d'apnée statique simple, puis, après un temps de récupération complet, le test d'apnée statique couplé aux exercices cognitifs.

Durant les séances suivantes, après avoir rempli l'IPAQ, les participants suivaient les activités correspondant à leur groupe : les groupes G1 (PP + R) et G2 (R) s'entraînaient aux techniques de R de manière collective durant 12 semaines, à raison de 30 minutes une fois par semaine avec un spécialiste de la discipline. Les groupes G1 (PP+R) et G3(PP) s'entraînaient aux techniques de PP en apnée, pendant 30 minutes une fois par semaine avec un spécialiste de la discipline.

Tous les groupes G1 (PP+R), G2 (R) et G3(PP) ont reproduit les séances de manière autonome, chez eux, à raison de trois fois par semaine. Le groupe 4 n'a reçu aucune forme d'entraînement en PP et/ou R. A la fin de la séance de la douzième semaine, tous les participants ont réalisé une seconde fois les deux tests d'apnée dans les mêmes conditions qu'en première séance et ont repassé le test STAI-état.

1.4.2 Statistiques

Les statistiques descriptives (moyenne, écart-type) ont été utilisées pour décrire la population. Pour les analyses quantitatives, suite à la vérification systématique de la normalité et de l'homogénéité des variances, une ANOVA a d'abord été réalisé sur les caractéristiques des 4 groupes (âge, poids, taille et STAI-état), afin de vérifier la similitude des 4 groupes expérimentaux. Ensuite, une ANOVA à 4 groupes avec deux facteurs de mesures répétées (avant et après entraînement, ainsi qu'avec ou sans exercices cognitifs) sur les performances d'apnée a été réalisée pour tester la présence d'une évolution des performances et de l'anxiété en fonction des conditions expérimentales.

Ce test a été aussi employé pour le STAI-état. Nous avons ensuite réuni les groupes ayant fait de la R (G1 et G2) avec les groupes qui n'en ont pas fait (G3 et G4) selon la méthode des contrastes, afin de tester l'hypothèse d'un effet général de la R indépendamment des autres paramètres. Le seuil de significativité considéré est de 0,05.

2. Résultats

2.1 Populations

Le tableau 1 résume les caractéristiques des participants alors que le second tableau détaille les comparaisons effectuées groupe à groupe pour en vérifier la similarité.
Pour les quatre paramètres considérés (âge, taille, poids, STAI-état), aucune différence intergroupe n'est observée (cf. tableau 2). Les populations de départ sont similaires au regard des critères considérés.

2.2 Tests d'apnée

Le tableau 3 présente les moyennes des temps d'apnée simple, et d'apnée avec exercice cognitif, pour chaque groupe, en fonction de la séance d'évaluation (initiale, finale). L'ANOVA en mesures répétées effectuée sur ces moyennes est présentée dans le tableau 4 et représentée graphiquement sur la figure 1.

On observe une interaction « moment * groupe » (p = 0,0002) et une double interaction avec le moment, le type de test et le type de test (p = 0,007). Il ne semble pas exister d'effet simple du groupe (p = 0,0151). L'effet est cependant a nuancé, car il apparaît un effet simple du moment des tests d'apnée (p < 0,0001), qui s'explique par le fait même que pour l'ensemble des groupes, la performance semble augmenter entre la première et la dernière séance.

On observe aussi qu'il semble plus difficile d'atteindre son temps d'apnée maximum lorsque des exercices cognitifs sont à réaliser ($m_{apnée-simple}$ = 143,6 ; $m_{apnée-exercices}$ = 135,6), et ce quel que soit le groupe, mais l'interaction test * groupe ne s'avère pas significative (p = 0,1648). De manière générale, la comparaison des performances en fonction du type de test est significative (p = 0,008).

Il s'avère que les comparaisons deux à deux de chaque groupe, pour chaque test, à chaque moment, ne laissent apparaître aucun résultat significatif. Par contre, en unissant les groupes 1 et 2 qui ont fait de la R et les groupes 3 et 4 qui n'en ont pas fait, les résultats sont significatifs.

En effet, s'il n'existe pas de différence significative entre ces regroupements à la première séance, ni pour le test simple ($m_{relaxation}$ = 144,8 ; $m_{sans\text{-}relaxation}$ = 128,4 ; p = 0,1163), ni pour le test avec exercices cognitifs ($m_{relaxation}$ = 134,4 ; $m_{sans\text{-}relaxation}$ = 121,2 ; p = 0,1307), il n'en est pas de même à la douzième séance, que ce soit pour le test d'apnée simple ($m_{relaxation}$ = 165,8 ; $m_{sans\text{-}relaxation}$ = 135.3 ; p = 0,0075) ou celui d'apnée avec exercices ($m_{relaxation}$ = 156,4 ; $m_{sans\text{-}relaxation}$ = 121,2 ; p = 0,0099).

2.3 STAI

L'anxiété état a été mesurée avant les tests d'apnée à la première et à la dernière séance afin d'évaluer l'impact de la R sur l'appréhension des sujets face aux épreuves à réaliser. Les résultats obtenus sont résumés dans le tableau 5, l'ANOVA en mesures répétées effectuée sur ces moyennes est présentée dans le tableau 6, et représentée graphiquement sur la figure 2.

Les groupes 1 (p = 0,0133) et 2 (p = 0,0002) pour lesquels la R était utilisée voient l'anxiété état diminuer entre les séances, ce qui n'est pas le cas pour les groupes 3 (p = 0,7353) et 4 (p = 0,7959). On observe une interaction entre le facteur moment et le facteur groupe ($F_{3\text{-}36}$ = 6,462 ; p = 0,0013). Cet effet explique la différence significative obtenue en fonction du moment de passation du test d'anxiété (p = 0,0001) résultant d'une diminution générale de l'anxiété générée par la situation à la douzième séance par rapport à la première ($m_{séance1}$ = 39,7 ; $m_{séance12}$ = 37,6). L'ANOVA en mesures répétées (cf. tableau 6) indique qu'il n'existe pas d'effet significatif du facteur groupe (p = 0,6224).

Les différences intergroupes observées sont logiquement confirmées par la méthode des contrastes. En effet, Lors du test de l'effet global des groupes 1 et 2 qui ont fait de la R vs 3 et 4 qui n'en ont pas fait, les résultats sont significatifs ($m_{relaxation} = 35,6$; $m_{sans-relaxation} = 39,75$; $p = 0,0002$).

3. Discussion

L'objet de cette étude est de déterminer, chez des débutants, l'intérêt de la R dans le cadre de l'amélioration de la performance en apnée statique sous atmosphère normale. Les principaux résultats des groupes qui ont fait de la R (G1 et G2) montrent un gain significatif des performances, tant en apnée statique simple qu'en apnée associée à la résolution d'exercices cognitifs, par rapport aux groupes qui n'ont pas bénéficié d'un apprentissage de la R (G3 et G4).

L'observation des regroupements G1 et G2 vs G3 et G4 évolue de manière identique vers une diminution de la performance lorsque l'on compare les tests simples vs tests avec exercices. Cette observation peut s'expliquer par le fait que la mise en jeu de la cognition, ainsi que l'exécution de tâches motrices fines et précises (utilisation du crayon), entraîneraient une consommation accrue d'oxygène (O_2), comme l'ont déjà montré les travaux de Shulman, Hyder & Rothmand(2003), Troubat, Fargeas & Dugue (2010), ou Audiffren, Tomporowski & Zagrodnik (2009). Un partage des ressources cognitives entre la concentration sur la performance en apnée et la réalisation des exercices pourrait aussi être envisagé, mais rien dans notre protocole ne permet de le valider.

Le stress évalué par le test STAI-état avec l'emploi de la méthode des contrastes (association des groupes qui ont fait la R vs les deux autres groupes) montre que l'emploi de la R favorise une meilleure gestion du stress (diminution du STAI-état). Ce genre d'observation a déjà été étudié dans d'autres domaines (Nitardhi, Lmodei, Garcia, & Tomalino, 2000).

A notre connaissance, il n'existe pas d'étude directement comparable à la nôtre, effectuée pour tester l'effet de l'amélioration des performances en apnée chez le débutant par l'emploi de techniques de R, bien que de nombreux experts de la discipline la recommandent à haut niveau.

De manière descriptive, nous avons pu observer une amélioration de la performance en apnée statique de 9 % pour le groupe PP + R (G1) et de 19 % pour le groupe R seule (G2), contre 5% pour le groupe PP seule (G3) et 5% sans aucune intervention (G4), entre la première et la dernière séance. Il est intéressant de noter qu'aucune différence significative n'apparaît entre la performance des participants ayant suivi les séances de PP et celle des participants sans intervention.

Il en va de même lorsque l'on considère les performances dans l'épreuve d'apnée avec réalisation d'exercices cognitifs, puisque les améliorations sont de 19,7 % et 13 % pour, respectivement, les groupes 1 et 2, contre 8% et 6% pour les groupes G3 et G4. La R aurait donc, à elle seule, un effet sur la performance, effet qui pourrait être modulé par la PP en fonction des caractéristiques du test d'apnée statique. Des études futures sont cependant nécessaires pour montrer clairement ces effets d'interaction entre les techniques et aider à les comprendre.

A ce niveau, il est essentiel de noter que la PP proposée aux participants de notre étude, bien que construite sur la base de nos connaissances de la pratique habituelle, n'est pas l'archétype d'un programme de PP proposé à des sportifs de haut niveau dans la discipline mais bien celle de débutants. En l'état actuel, nos résultats ne peuvent s'entendre que comme comparaison entre les programmes de R et de PP que nous avons proposés dans les conditions de notre étude (notamment pour des débutants), et ne peuvent être généralisés.

En ce qui concerne les mécanismes sous-jacents de la R à l'origine des effets observés, les gains de performance pourraient être liés à la diminution des tensions corporelles par diminution du tonus musculaire. Vincente de Monjo (1987, p41) explique : « Les techniques de R impliquent nécessairement une baisse du tonus musculaire et une adaptation respiratoire […]. Il existe une corrélation entre les états de conscience et le tonus musculaire déterminée par la substance réticulée » […] « les éléments essentiels que doit contenir n'importe quelle technique pour pouvoir être nommée relaxation sont le tonus musculaire et la respiration ».

Cette diminution du tonus musculaire chez le débutant pourrait être l'élément favorable à la réalisation d'une performance en apnée statique.

La R conduirait à des bénéfices supérieurs par rapport à la PP seule, cette dernière n'induisant pas d'effet significatif sur le tonus musculaire. L'association de la R à une PP plus habituelle pourrait être un avantage pour des tâches plus complexes. A ce sujet, il a déjà été montré que l'association d'une PP et d'une PM (exercices de R combinés avec imagerie ou exercices de fixation de buts) entraîne une augmentation de la performance, une facilité d'apprentissage d'une technique ou d'un geste et une meilleure régulation du niveau d'activation ou encore une facilitation de la récupération physique (blessures) et mentale (Calmels & Fournier, 1999; Hall & Erffmeyer, 1983; Noel, 1980).

Les résultats de notre étude corroborent l'intérêt d'une association entre la R et d'autres formes de préparation à la performance chez le débutant en atmosphère normale, et demandent à être vérifiés en immersion, comme pour des épreuves d'apnée dynamique. En effet, quelques travaux ont déjà montré des différences relatives à l'environnement des épreuves (Barthelemy, 2006; Jammes & Joulia, 2002; Lecompte & Lagneaux, 1987). D'une manière générale, le changement de la pression du milieu aquatique, ainsi que l'immersion de la tête fourniraient « une aide » non négligeable pour l'aisance de l'apnée, les performances en milieu aquatique en seraient facilitées. Les effets de la R pourraient y être différents.

Le protocole de l'étude comprenait également le recueil de données concernant l'anxiété. Les résultats montrent clairement que l'anxiété état mesurée juste avant les épreuves d'apnée est diminuée entre la première et la douzième semaine, uniquement pour les groupes ayant bénéficié d'un apprentissage de la R.

La PP en elle-même, ou plutôt pratiquée sans R, bien qu'augmentant de manière relative la performance aux tests d'apnée, n'a pas d'effet sur l'anxiété état précédant ces épreuves. Ces effets de la relaxation ont déjà été observés dans d'autres travaux (Long & Haney, 1988; Crocker & Grozelle, 1991).

Il pourrait être aussi question du simple effet d'un relâchement musculaire plus conséquent et d'une meilleure détente mentale comme le proposent Rokicki, Holroyd, France, Lipchik, France & Kvaal (1997), amenant ainsi une plus grande économie d'oxygène (Telles, Satish, & Nagendra, 2000).

En relation avec les performances aux tests d'apnée, il n'est pas à exclure un rôle médiateur de l'anxiété état : les sujets ayant appris la R peuvent diminuer leur anxiété et ainsi mieux appréhender l'épreuve et voir augmenter leurs performances. Mais en l'état actuel, le protocole utilisé ne permet pas de répondre à cette question.

Une interprétation plus précise de nos résultats quant à l'effet de la R sur l'anxiété dans le protocole de notre étude ou quant à son effet sur la performance en apnée elle-même serait possible en y associant un examen approfondi du rôle du système neurovégétatif dans de futures expérimentations. Par exemple, une prise en compte de la variabilité de la fréquence cardiaque, déjà étudiée dans d'autres travaux (Servant, Lebeau, Mouster, Hautekeete, Logier, & Goudemand, 2008; Servant, Logier, Mouster, & Goudemand, 2009), pourrait être un indicateur de la modulation par l'apprentissage de la gestion du stress.

Des procédures aménagées comme celles relatives au diagramme de point carré (Guzik, Piskorski, Krauze, Schneider, Wesseling, Wykretowicz & Wysocki, 2007) pourraient mettre en évidence les influences des systèmes neurovégétatifs, de l'activité orthosympathique indicatrice d'un « ralentissement » de l'organisme et du système métabolique corrélé à l'apprentissage de la R (Fumagalli & Tegon, 2009).

Mais les perspectives expérimentales tiennent aussi de l'étude des effets de la R et de sa comparaison avec d'autres méthodes de préparation sportive, sur les performances en apnée dans le milieu aquatique ou lors d'épreuves d'apnée dynamique.

4. Conclusion

La R conduirait à des bénéfices supérieurs par rapport à la PP seule, cette dernière n'induisant pas d'effet significatif sur le tonus musculaire. L'association de la R à une PP plus habituelle pourrait être un avantage pour des tâches plus complexes. A ce sujet, il a déjà été montré que l'association d'une PP et d'une PM (exercices de R combinés avec imagerie ou exercices de fixation de buts) entraîne une augmentation de la performance, une facilité d'apprentissage d'une technique ou d'un geste et une meilleure régulation du niveau d'activation ou encore une facilitation de la récupération physique (blessures) et mentale (Calmels & Fournier, 1999; Hall & Erffmeyer, 1983; Noel, 1980).

Les résultats de notre étude corroborent l'intérêt d'une association entre la R et d'autres formes de préparation à la performance chez le débutant en atmosphère normale, et demandent à être vérifiés en immersion, comme pour des épreuves d'apnée dynamique. En effet, quelques travaux ont déjà montré des différences relatives à l'environnement des épreuves (Barthelemy, 2006; Jammes & Joulia, 2002; Lecompte & Lagneaux, 1987). D'une manière générale, le changement de la pression du milieu aquatique, ainsi que l'immersion de la tête fourniraient « une aide » non négligeable pour l'aisance de l'apnée, les performances en milieu aquatique en seraient facilitées. Les effets de la R pourraient y être différents.

Bibliographie

- Abadie, S., & Andrieu, B. (2007). Proprioception et représentation mentale. Une dialectique dans la préparation mentale des sportifs de haut-niveau. Revue Française de Psychatrie et de psychologie médicale, 11(106), 21-25.
- Andersen, M. B. (2000). Doing sport Psychology. Champaign: Human Kinetics.
- Anshel, M. H. (1996). Relaxation on motor performance and affect following Acute Stress. Behavioral Medicine, 21(4), 186-196.
- Audiffren, M., Tomporowski, P. D., & Zagrodnik, J. (2009). Acute aérobic exercice and information processing : Modulation of executive control in Random Generation task. Acta Psychologica, 132(1), 85-95.
- Barthelemy, L. (2006). Au sujet de la bradycardie du plongeur en apnée. Bulletin de Médecine Subaquatique et Hyperbare, 16(2), 39-47.
- Bauche, P. (2000). La psychanalyse a-t-elle une place dans l'univers sportifs? Entre préparation, souffrance et réparation. (pp. 79-86). Lyon: Maison des sciences de l'homme d'Aquitaine.
- Benson, H., Kornhaber, A., Kornhaber, C., Le-Chanu, M. N., Zutterneister, P. C., Myers, P., et al. (1994). Increases in positive psychological characteristics with a new relaxation-response curriculum in high school students. Journal of research and development in education, 27(7), 226-231.
- Bergstrom, M., & Hultman, E. (1991). Relaxation and force during fatigue and recovery of the human quadriceps muscle: relations to metabolite changes. Pflügers Archiv, 418(1 et 2), 153-160.
- Bonnet, A., Fernandez, L., Graziani, P., Rouan, G., & Pedinielli, J.-L. (2004). État émotionnel subjectif et prise de risques : Rôle de l'anxiété et de la fatigue psychologique. Journal de Thérapie Comportementale et Cognitive, 14(2), 89-93.
- Cadopi, M. (1998). La pratique mentale dans les stratégies de préparation des sportifs. Psychologie et Psychopathologie du Sport, 13(3), 91-96.

- Calmels, C., & Fournier, J. (1999). Effets d'un programme d'entraînement mental combiné à une pratique physique sur la performance en gymnastique et sur le développement de l'imagerie. STAPS, 20(49), 63-72.
- Canizares Hernandez, M. (2003). Le stress et l'anxiété chez les athlètes de haut niveau : Expériences d'accompagnement à l'Institut Supérieur de Culture Physique de la Havane (Université du sport de Cuba) : Stress et tensions parasites. (F. e. psychomotricité, Éd.) Evolutions psychomotrices(58), 193-196.
- Chevallon, S. (2007). L'entraînement psychologique du sportif. Paris: Broché.
- Corriol, J. H. (2003). En apnée au delà de 150m en plongée no limits. Bulletin de médecine subaquatique et hyperbare, 13(1), 15-23.
- Corriol, J. H., & Bras, J. (2001). Les records de profondeur en plongée libre: réflexions d'un physiologiste. Science & Sports, 16(3), 125-136.
- Cottraux, J. (2004). Les thérapies comportementale et cognitive. Paris: Masson.
- Courteix, D., & Lamendin, H. (1992). Facteurs determinants de la rupture de l'apnée volontaire (évolution de modèles). Sciences & Sports, 7(4), 235-44.
- Craig, C. L., Marshall, A. L., Sjöström, M., Bauman, A. E., Booth, M. L., Ainsworth, B. E., et al. (2003,). International Physical Activity questionnaire: 12-country reliability and validity. Commentary. (L. W. Wilkins, Éd.) Medicine and science in sports and exercise, 35(8), 1381-1396.
- Crocker, P. R., & Grozelle, C. (1991). .Reducing induced state anxiety: effects of acute aerobic exercise and autogenic relaxation. Sports Med Phys Fitness, 31(2), 277-282.
- Defontaine, J. (1979). Psychomotricité et relaxation. Paris: masson.
- Delapille. (2001). Influence de l'entrainement du plongeur sur les paramètres cardiaques et ventilatoires agissant sur la durée de l'apnée volontaire. Bulletin de médecine subaquatique et hyperbare, 11(1), 24-40.
- Delapille, P., Polin, D., Chollet-Tourny, C., Verin, E., Hellot, M., & Pasquis, P. (2001). Évaluation de la fréquence cardiaque au cours d'exercices en apnée chez des plongeurs experts et débutants. Science & sports, 16(2), 100-103.

- Delapille, P., Verin, E., & Tourny-Chollet, C. (2002). Adaptations respiratoires chez le plongeur en apnée. Revue des Maladies Respiratoire, 19(1), 217-228.
- Delignières, D., & Marty, K. (1997). Effets de l'apnée sur le stade decisionnel du traitement de l'information. Communication présentée au VII° Congrès International des Chercheurs en Activités Physiques et Sportives, (pp. 3-5). Marseille, Université Montpellier I.
- Dosil, J. (2006). The Sport Psycholgist's Handbook: A Guide for Sport-Specific Performance Enhancement. Chichester: John Wiley & Sons.
- Durand de Bousingen, R. (1985). Le training autogène de J.H. Schultz. Méthode de relaxation par auto-décontraction concentrative. Soins. Psychiatrie(61), 9-12.
- Feltz, D., & Landers, D. (1983). Effects of mental practice on motor skill learning and performance: A meta-analysis. Journal of sport psychology, 5(1), 25 - 57.
- Fumagalli, M., & Tegon, C. (2009). Quelle est la place du traitement Shiatsu ? Comment réduire l'appréhension des patients avant une séance de sclérothérapie ? Phlébologie, 62(3), 56-58.
- Gole, Y., Schmid, B., Boussuges, A., & Fontanari, P. (2006). Influence d'une apnée et d'une immersion sur la variabilité de la fréquence cardiaque. Bulletin de Médecine Subaquatique et Hyperbare, 16(1), 9-16.
- Guzik, P., Piskorski, J., Krauze, T., Schneider, R., Wesseling, K., Wykretowicz, A., et al. (2007). Correlations between the Poincaré plot and conventional heart rate variability parameters assessed during paced breathing. Journal of Physiologica, 57(1), 63-71.
- Hagstromer, M., Oja, P., & Sjöström, M. (2006). The International Physical Activity Questionnaire (IPAQ) : a study of concurrent and construct validity. Public health nutrition, 9(6), 755-762.
- Hall, E. G., & Erffmeyer, E. S. (1983). The effect of viuo-motor behavior rehearsal with videotaped modeling on free throw accuracy in intercollegiate female basketball players. Journal of sport psychology, 5(3), 343- 346.
- Hazlett-Stevenens, H., & Borkovec, T. D. (2001). Effects of worry and progressive relaxation on

- the reduction of fear in speech phobia : An investigation of situational exposure. Behavior therapy, 32(3), 503-517.
- Hentsch, U., & Ulmer, H. V. (1984). Trainability of underwater breath holding time. Int J Sports Med 1984; 5: 343-47. International journal of sport medicine, 5(6), 343-347.
- Jacobson, E. (1974). Biologie des émotions. Les bases théoriques de la relaxation. Paris: E.S.P.
- Jacobson, E. (1977). The origins and development of progressive relaxation. Journal of Behavior Therapy and Experimental Psychiatry, 8(2), 119-123.
- Jamin, T., Joulia, F., Fontanari, P., Bonnon, M., Ulmer, C., & Cremieux, J. (2004). . Effet d'une situation d'apnée statique sur les capacités individuelles d'estimation du temps. Science & sports, 19(3), 142-144.
- Jammes, Y., & Joulia, F. (2002). Les conséquences de l'apnée sur les gaz du sang ou " l'apnée du pneumologue". Colloque du Réseau Tuberculose, (pp. 145-148). Paris,Bobigny.

- Joulia, F., Steinberg, J. G., Faucher, M., Jamin, T., Ulmer, C., Kipson, N., et al. (2003). Breath-hold training of humans reduces oxidative stress and blood acidosis after static and dynamic apnea. Respiratory Physiology & Neurobiology, 137(1), 19-27.
- Kovachev, I. (2001). Diagnostic psychologique et récupération chez les athlètes de haut niveau. Dimensions psychologies de la récupération, (pp. 4-5). Paris, INSEP.
- Krenz, E. W. (1984). Improving Competitive Performance with Hypnotic Suggestions and Modified Autogenic Training: Case Reports. American Journal of Clinical Hypnosis, 27(1), 58-63.
- Kulkarni, P., & Brown, K. A. (1996). Ventilatory parameters in children during propofol anaesthesia a comparison with halothane. Canadian Journal of Anaesthesia, 43(7), 653-659.
- Lanning, W., & Hisanagra, B. (1983). Etude de la relaxation entre la réduction de l'anxiété en compétition et l'amélioration de la performance sportive. International Journal of Sport Psychology, 17(3), 219-227.
- Lecompte, J., & Lagneaux, D. (1987). Sur l'élévation immédiate de la pression artérielle générale provoquée par l'immersion verticale. Medica Physica, 10(1), 45-49.
- Long, B. C., & Haney, C. J. (1988). Long-term follow-up of stressed working women: A

- comparison of aerobic exercise and progressive relaxation. Sport & Exercise Psychology, 10(4), 461-470.
- Maupas, J. C. (1988). Méthode de relaxation en rééducation. Encyclopédie médico-chirugicale, 26, 137-145.
- Mcallie, M. S., Blum, C. M., & Hood, C. (2006). Progressive muscle relaxation. Journal of Human Behavior in the Social Environment, 13(3), 51-66.
- Nitardhi, H., Lmodei, C., Garcia, V., & Tomalino, C. (2000). Effets de techniques cognitivo-comportementales chez des patients chirurgicaux. Journal de thérapie comportementale et cognitive, 10(3), 107-111.
- Noel, R. C. (1980). The effect of visuo-motor behavior rehearsal on tennis performance. Journal of sport psychology, 2(3), 221-226.
- Orlick, T., & Partington, J. (1988). Mental links to excellence. Sport Psychologist, 2(2), 105-130.
- Pelizzari, U., Landoni, L., & Seddone, A. (2010). Respiration pour l'apnée ; du débutant à l'expert ; principes fondamentaux et exercices pratiques. Amphora.
- Poisson, D. (2002). Déclaration d'Helsinki. Quelles nouveautés ? Laennec, 1, 44-52.
- Prokopf, A. (1988). Autogenic training in sport. XXIth world congress in sport medicin.Bresil.
- Rager, R. G. (1970). Traitement des névroses d'angoisses post-infarctus du myocarde par le training autogène de Schultz sous sophronisation. Agressologie, 11(6), 471-474.
- Redini, S., & Delacour, F. (2009). Le Grand Livre du Pranayama. Le souffle retrouvé. Paris: Amphora.
- Robazza, C. (1999). Emotions et performance dans le sport : modèle individuel de fonctionnement optimal. Thèse de doctorat. Université de Grenoble 1 Saint-Martin-d'Hères.
- Rokicki, L. A., Holroyd, K. A., France, C. R., Lipchik, G. L., France, J. L., & Kvaal, S. A. (1997). Change mechanisms associated with combined relaxation/EMG

- biofeedback training for chronic tension headache. Applied Psychophysiology and Biofeedback, 22(1), 21-41.
- Rütten, A., Vuillemin, A., Ooijendijk, W., Schena, f., Sjöström, M., Stahl, T., et al. (2003). Physical activity monitoring in Europe. The European Physical Activity Surveillance System (EUPASS) approach and indicator testing. Public Health Nutrition, 6(4), 377-384.
- Rütten, A., Vuillemin, A., Ooijendijk, W., Schena, F., Sjöström, M., Stahl, T., et al. (2003). Physical activity monitoring in Europe. The European Physical Activity Surveillance System (EUPASS) approach and indicator testing. Public Health Nutrition, 6(4), 377-384.
- Ryba, T. V., Stambulova, N. B., & Wrisberg, C. A. (2005). The Russian origins of sport psychology: A translation of an early work of A. C. Journal of Applied Sport Psychology, 17(2), 157-169.
- Sapir, M. (1974). Les psychothérapies de relaxation chez l'adulte.Paris: Encyclopédie médico-chirurgicale .
- Schultz, D. G. (1951). The relationship between scores on the science test of medicalcollege admission test and amount of training in biology,chemistry,and physics. Educational and Psychological measurement., 11(1), 138-150.
- Schultz, J. H. (1958). Le training autogène. Paris: PUF.
- Sciarli, R. (1989). Un sport à vous couper le souffle : la plongée en apnée ou plongée libre. An out of breath sport: breath-hold diving. Journée de médecine subaquatique et hyperbare, (pp. 3613-3617). Genève, Suisse.
- Servant, D., Lebeau, J. C., Mouster, Y., Hautekeete, M., Logier, R., & Goudemand, M. (2008). La variabilité cardiaque. Un bon indicateur de la régulation des émotions. Journal de Thérapie Comportementale et Cognitive, 18(2), 45-48.
- Servant, D., Logier, R., Mouster, Y., & Goudemand, M. (2009). La variabilité de la fréquence cardiaque. Intérêts en psychiatrie. L' Encéphale, 35(5), 423-428.
- Shulman, R. G., Hyder, F., & Rothmand, D. L. (2003). Cerebral metabolism and consciousness. Comptes Rendus de Biologies, 326(3), 253-273.
- Sjöström, M., Oja, P., Hagströmer, M., Smith, B., & Bauman, A. (2006). Health-enhancing physical activity across European Union countries: The Eurobarometer study. Journal of Public

Health, 14(5), 291-300.

- Spielberger, C. D., & Johnson, D. T. (1968). Effects of relaxation and the passage of time on measures of state and trait anxiety. Journal of Clinical Psychology, 24(1), 20-23.
- Telles, S., Satish, K. R., & Nagendra, H. R. (2000). Oxygen consumption and respiration following two yoga relaxation techniques. Annual Meeting of the Association for Applied Psychophysiology and Biofeedback (pp. 221-227). Denver: Springer.
- Tenenbaum, G., & Eklund, R. C. (2007). Handbook of Sport Psychology, thrid édition. Chichester: John Wiley & Sons.
- Troubat, N., Fargeas-Gluck, M. A., & Dugue, B. (2010). Dépense énergétique d'une tâche cognitive: exemple du jeu d'échecs. Science & Sports, 25(1), 11-16.
- Vealey, S. R. (2007). Mental Skills Training in Sport. Dans G. Tenenbaum, & R. C. Eklund (Éd.), Handbook of Sport Psychology, Third Edition (pp. 287-309). Hoboken, NJ.: John, Wiley, & Sons.
- Vincente de Monjo, P. (1987). Neurobiologie et relaxation. Dans M. J. Hissard (Éd.), Les relaxations thérapeutiques aujourd'hui, (pp. 40-47). Paris.
- Williams, J. M., & Straub, W. F. (2006). Sport psychology, past, present, future. 5ème édition. Boston: Mcgraw-Hill.
- Yurdakul, L., Holttum, S., & Bowden, A. (2009). Perceived changes associated with autogenic training for anxiety: A grounded theory study. Psychology and Psychotherapy, 82(4), 403–419.

Tableau 1

Caractéristiques de la population semaine 1 sous la forme moyennes (écarts types)

Groupes	Nombre d'hommes	Nombre de femmes	Age (ans)	Taille (m)	Poids (kg)
G1 = R + PP	6	4	24,2 (±2,2)	1,70 (±0,08)	66,0 (±7,2)
G2 = R	5	5	23,4 (±1,9)	1,73 (±0,05)	63,3 (±5)
G3 = PP	4	6	23,4 (±1,8)	1,67 (±0,06)	62,5 (±6,5)
G4 = Témoins	4	6	23 (±1,8)	1,72 (±0,06)	65,8 (±6,8)
Total/Moyenne	19	21	23,5 (±2,8)	1,7 (±0,06)	64,4 (±6,3)

R= Relaxation ; PP = Préparation Physique ; IMC = Indice de Masse Corporelle ; G1= Groupe 1 ; G2 = Groupe 2, G3 = Groupe 3, G4 = Groupe 4

Tableau *2*

Résultats des comparaisons groupe à groupe avec une ANOVA sur l'âge, la taille, le poids et le STAI-état.

	Dll	F	p<
Age	3	0,299	0,83
Taille	3	1,42	0,25
Poids	3	0,760	0,52
STAI-état	3	2,295	0,09

Tableau *3*

Moyenne (± écarts types) des résultats aux tests d'apnées (en secondes).

Groupe	Séance	Apnée	Apnée + exercice
G1 = PP + R	Initiale	145 (±25,9)	137,6 (±25,3)
	Finale	159,3 (±26,8)	164,8 (±26,9)
G2 = R	Initiale	144,6 (±30))	131,2 (±21,9)
	Finale	172,3 (±36,6)	148 (±26,9)
G3 = PP	Initiale	132,1 (±40,6)	124,8 (±36,5)
	Finale	138,8 (±37,9)	134,7 (±41,2)
G4 = Témoins	Initiale	124,8 (±33,3)	117,7 (±23,3)
	Finale	131,8 (±36,1)	125,9 (±23,4)

R= Relaxation ; PP = Préparation Physique ; IMC = Indice de Masse Corporelle ; G1= Groupe 1 ; G2 = Groupe 2, G3 = Groupe 3, G4 = Groupe

Tableau 4

ANOVA à mesures répétées sur l'ensemble des performances des sujets en fonction du groupe, du moment des tests et du type de test.

	ddl (groupe & sujet)	F	p<
Groupe	3 (36)	1,877	0,151
Tests	1 (36)	7,897	0,008
Tests * Groupe	3 (36)	1,799	0,1648
Moment	1 (36)	122,575	<,0001
Moment * Groupe	3 (36)	8,714	0,0002
Tests * Moment	1 (36)	0,506	0,4815
Tests * Moment * Groupe	3 (36)	4,721	0,007

Effet groupe (G1 à G4) ; Effet test (apnée simple vs apnée avec exercice) ; Effet moment (initial vs final).

Tableau 5

Anxiété état (Stai- état) à la première et à la dernière séance sous la forme moyenne (± écarts types).

Groupe	Séance	Stai-état
G1 = PP + R	Initiale	38,4 (±2,3)
	Finale	34,5 (±1,8)
G2 = R	Initiale	41,2 (±2,7)
	Finale	36,7 (±2,4)
G3 = PP	Initiale	38,5 (±2,3)
	Finale	38,3 (±2,4)
G4 = Témoins	Initiale	40,9 (±2,9)
	Finale	41,2 (±2,8)

R= Relaxation ; PP = Préparation Physique ; IMC = Indice de Masse Corporelle ; G1= Groupe 1 ; G2 = Groupe 2, G3 = Groupe 3, G4 = Groupe 4

Tableau 6

ANOVA en mesures répétées de l'anxiété (Stai-état), effet groupe (G1 à G4) ; Effet moment (initial vs final).

	ddl (groupe & sujet)	F	p
Groupe	3	0,595	0,6224
Moment	1	18,177	0,0001
Moment * Groupe	3	6,462	0,013

Figure 1 : Représentation graphique des performances aux différents tests d'apnée. Pour faciliter la lecture les écart types ne sont pas présentés (voir tableau 3).

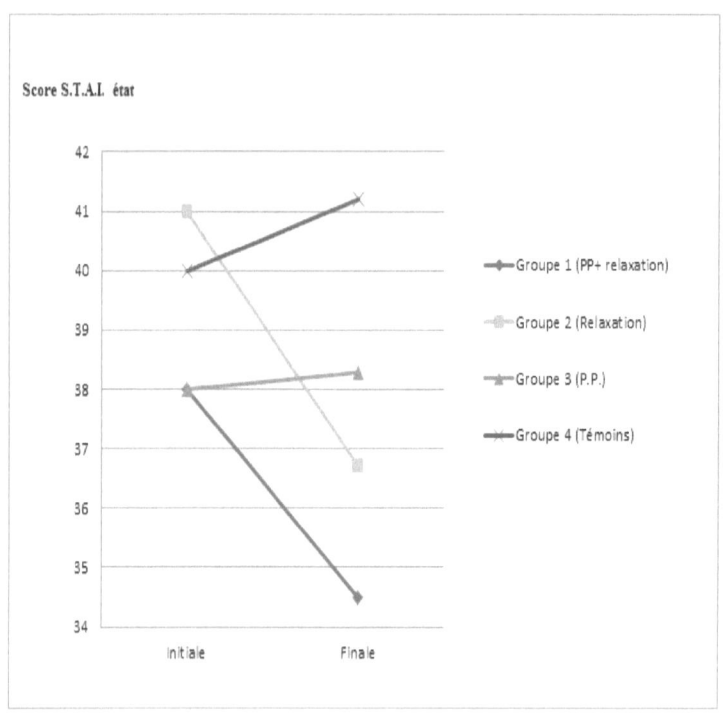

Figure : Représentation graphique de l'anxiété état à la première et à la dernière séance. Pour faciliter la lecture les écart types ne sont pas présentés (voir tableau 5).

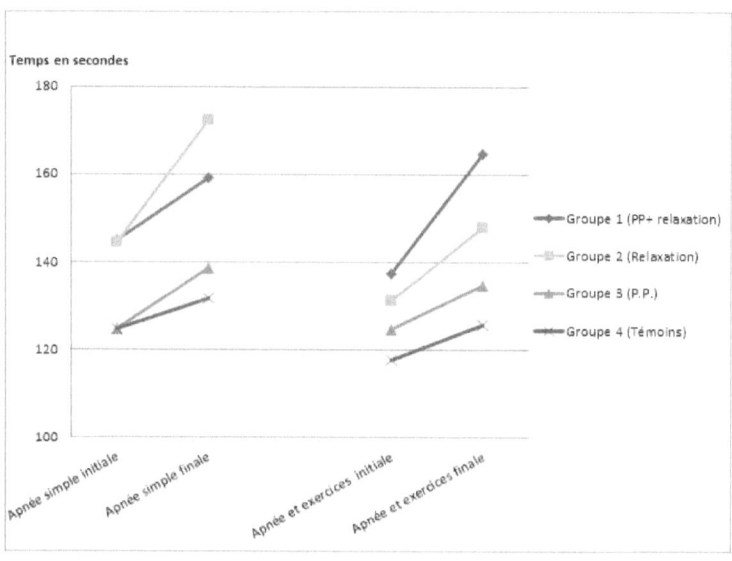

Donnez Thomas , Rusinek Stéphane , Watelain Eric

- **Monsieur Thomas Donnez** : Well& Spa, rue du chemin des Postes 59880 Marly.
Mail: thdonnez@orange.fr
Tél. : 06 78 99 04 55

- **Monsieur Rusinek Stéphane** : Univ. Lille Nord de France, 59000 Lille, France. UDL3, PSITEC, Villeneuve-d'Ascq.
Mail : stephane.rusinek@univ-lille3.fr

- **Monsieur Watelain Eric** : UVHC, LAMIH, 59313 Valenciennes, France. CNRS, UMR 8201, 59313 Valenciennes, France.
Mail : eric.watelain@univ-valenciennes.fr

- HandiBio, EA 4322, Univ. du Sud Toulon-Var, BP 20132 - 83957 La Garde, France.

Oui, je veux morebooks!

i want morebooks!

Buy your books fast and straightforward online - at one of world's fastest growing online book stores! Environmentally sound due to Print-on-Demand technologies.

Buy your books online at
www.get-morebooks.com

Achetez vos livres en ligne, vite et bien, sur l'une des librairies en ligne les plus performantes au monde!
En protégeant nos ressources et notre environnement grâce à l'impression à la demande.

La librairie en ligne pour acheter plus vite
www.morebooks.fr

VDM Verlagsservicegesellschaft mbH
Heinrich-Böcking-Str. 6-8   Telefon: +49 681 3720 174   info@vdm-vsg.de
D - 66121 Saarbrücken   Telefax: +49 681 3720 1749 www.vdm-vsg.de

www.ingramcontent.com/pod-product-compliance
Lightning Source LLC
Chambersburg PA
CBHW022018160426
43197CB00007B/475